François-Régis Fine

# Aime-moi

François-Régis Fine

# Aime-moi

## Un parcours spirituel

Éditions Croix du Salut

**Imprint**



Cover image: Fourni par l'auteur

Publisher:
Éditions Croix du Salut
is a trademark of
International Book Market Service Ltd., member of OmniScriptum Publishing Group
17 Meldrum Street, Beau Bassin 71504, Mauritius

Printed at: see last page
**ISBN: 978-613-7-36718-6**

**François-Régis FINE, Ofm**

# AIME - MOI

## Un parcours spirituel

*A tous ceux et celles qui se montrent*
*bienveillants à des parcours*
*singuliers.*

# Table des matières

# INTRODUCTION

*« Je ne crois pas aux victoires de la première heure, je n'ai pas foi dans la maturité de tels succès ».*

L. Walesa Chemin d'espoir,
Fayard, 1987.

Cet écrit n'est pas un enseignement ; il n'est pas, non plus un simple témoignage.

C'est un acquis des sciences humaines, aujourd'hui, qu'un fait 'brut' n'existe pas ; un fait est toujours présenté avec une interprétation [1][1].

On présente donc ici, délibérément, les faits survenus dans un parcours spirituel *avec une interprétation.*

Cette interprétation est le résultat d'un travail effectué par l'auteur lui-même sur ce qui lui est arrivé. Elle est inspirée de textes autorisés de la tradition chrétienne, parce que c'est dans un contexte chrétien que les faits décrits sont survenus.

Le parcours de l'auteur n'est pas facile : cela le rendra sans doute proche de ses frères en humanité qui s'efforcent de déchiffrer notre étrange condition dans l'univers, et qui, comme Lech Walesa cité ci-dessus, aventurent leur vie en cohérence avec les appels que cette vie leur offre.

---

[1] Les chiffres entre crochets réfèrent aux pages figurant en fin de texte, pp.24-25.

**Note sur le nom de l'auteur :**

Après hésitation sur l'opportunité d'utiliser un nom d'emprunt pour l'auteur de ce texte, ce qui présentait plusieurs inconvénients, la solution adoptée a été la suivante : donner le nom complet permettant d'identifier clairement l'auteur, mais, tout au long du texte, utiliser un prénom d'emprunt (Joël) afin d'offrir une sorte de 'distance' entre l'auteur et celui qui donne son témoignage personnel, et ne pas en venir à une identification permanente, insistante et qui serait finalement dérangeante.

Le prénom choisi 'Joël' ne réfère à aucun motif particulier, autre que sa brièveté et sa référence à Dieu (suffixe –el) ; en hébreu yo'el, « Yahvé (= Le Seigneur) est 'Dieu'».

## Ch 1- UN REGARD.

*Ils sont partis sur un*
*regard,*
*Ils ont suivi un inconnu*
*Il fallait bien être un peu fou !*
(d'un Gospel de Guy de
Fatto).

Un regard, rien qu'un regard, clair, pur, brillant. C'est peu de chose ; et pourtant, c'est là que tout commence.
Tout ? Non, pas la vie elle-même : elle commence, dit-on, par un cri, au sortir du ventre maternel : un cri, pas un regard.
Commencement donc, non pas de la vie elle-même, mais d'une vie qui n'est pas dans le prolongement des certitudes acquises antérieurement ; certitudes ayant accompagné jusque là une vie rectiligne, sans problèmes majeurs.
Là prend naissance une rupture, bien ténue, sans doute, sans effets extérieurs, mais bien réelle.

Faut-il s'étonner de ce caractère si ténu de ce qui se trouve à l'origine ?

Voici ce qu'écrit Claude Tresmontant au sujet des débuts de l'histoire biblique :

« *Si on objecte que le fait hébreu est vraiment trop petit pour présenter un intérêt, je réponds que, lorsque la vie est apparue sur la terre, les premiers micro-organismes étaient, eux aussi, très petits... Les grandes créations commencent par des petits germes* » [2].

Non que la vie de Joël soit une 'grande création' ; mais, pour déchiffrer les petites choses, il n'est pas déplacé de procéder par analogie avec les grandes.

Joël inscrit dans son journal la première rencontre avec ce compagnon : premier repère extérieur, daté, de cet événement.
Plus tard, cette rencontre aura une confirmation extérieure : celle d'une personne à qui une photo avait été présentée et qui s'est exclamée : « quel regard clair ! » C'était celui du compagnon !

Mais c'est surtout la suite qui va être donnée qui confirme la réalité de ce premier ébranlement.
La suite, c'est près de deux ans d'une amitié fidèle.

La vie, dans son élan premier, poursuit sa route : de formation scientifique, Joël a commencé un travail dans l'industrie : ambiance 'jeunes cadres dynamiques' ; cependant, d'un naturel inquiet, Joël est un peu mal à l'aise dans la partie 'recherche' de son activité. Mais les choses vont leur train, il gagne sa vie, avec quelques soucis : le lot commun.

Le temps passé avec ce compagnon est essentiellement à composante religieuse. La rencontre première s'est faite dans ce cadre, (une bretraite paroissiale) et les quelques mots échangés à cette occasion y ont fait référence.
Le compagnon apporte à Joël quelques livres, en particulier sur la vocation de prêtre. Joël les reçoit avec reconnaissance et les lit avec intérêt, mais il pense que ce n'est pas pour lui : malgré les références chrétiennes bien enracinées de sa famille, et la formation chrétienne tant théorique et pratique que recevaient les jeunes de son âge au lycée et dans les mouvements, il n'avait jamais considéré que la prêtrise était pour lui ; c'était une affaire qui lui était étrangère.

Pourtant la 'terre' de Joël avait déjà été quelque peu 'labourée' : seize mois à l'étranger, pour ses études, lui avaient fait voir son pays de l'extérieur, et lui avaient fait connaître d'autres manières d'aborder la vie. Un peu isolé culturellement, il en avait profité pour lire.

Puis, il y avait eu, au retour de ce pays, une maladie qui l'avait immobilisé plusieurs mois : autre occasion de lectures et de réflexions.
Avec ce compagnon, Joël effectue des visites les plus diverses, tant de lieux que de personnes, en France, en Suisse, en Allemagne.

Joël fait, dans ces visites, une profonde expérience de la gratuité.

Il y collecte aussi des conseils qui lui sont forts précieux. Ainsi, dans un des sanctuaires visités, un prêtre lui expose simplement que, pour prier, il faut se tenir tranquille, silencieux, dans une attitude convenable, par exemple à genoux si c'est possible : une découverte ! En entrant chez lui, le soir, vivant seul, il en fait l'expérience : quelle nouveauté que cette découverte du silence !
Et pourtant, il ne s'agit encore que d'un silence qui n'est pas habité.

Le compagnon habite une petite demeure très pauvre, avec sa mère d'origine étrangère, qui maîtrise très mal le français. Joël aime cette pauvreté et cette simplicité, même s'il ne sait comment s'y situer. Un jour qu'il avait compris qu'il y avait quelques difficultés financières à la maison, il était arrivé avec ce que les riches savent donner : de l'argent ; mais sa mère avait écarté cette offre avec un sourire condescendant : '*le pauvre*, avait-elle dit, mais nous n'avons pas besoin de ça' ! Joël avait été un peu vexé de se faire traiter de 'pauvre', mais pourtant, il lui avait bien fallu entendre la leçon.

Les milieux sociaux-culturels de Joël et de son compagnon étaient trop différents : Joël sentait bien qu'il avait à porter sa charge en tenant compte de tout ce qu'il avait reçu antérieurement tant de sa famille que de la société. L'intérêt des échanges diminuait, il fallait prendre son envol.

D'autres solidarités allaient jouer pour faciliter cet envol.

Mais, entre-temps, Joël avait reçu une visite particulière qu'il faut maintenant mentionner.

En repensant à ces 2 années, Joël aime écouter la chanson de Noël Colombier : 'Le regard de Jésus', avec son refrain : 'O, ce regard, je ne l'oublierai jamais !'
Il pense aussi aux mentions de l'évangile au sujet du 'regard' de Jésus tant pour les personnes (Mc 10,25), que pour les lieux (Mc 11,11).

## Ch 2 - UNE VISITE PARTICULIERE

*« Tu me demanderas comment j'ai su qu'il était présent...*
*C'est qu'il est vivant et actif ».*

Saint Bernard, Sermon 74 sur le Cantique des cantiques.

On est un peu avant midi, un samedi, dernier jour d'une semaine de retraite dans un monastère, durant la période de compagnonnage évoquée ci-dessus.
Durant cette semaine, Joël a mis beaucoup de forces pour savoir comment il devait orienter sa vie. La retraite s'achève sans évidence.
Joël voulait aussi être guéri d'une crise du regard de 'convoitise' qu'il portait sur les personnes. En vain.
La crise est latente, avec toute la force du désir qui ne sait pas comment poursuivre sa quête, et qui perçoit cependant que le temps presse. A genoux, devant un crucifix, la supplication est intense ; elle se fait abandon.

Vient alors une réponse, sous la forme d'une présence sensible et précise : elle va durer trente heures.

Comment décrire cette présence ?

Plus tard, Joël trouvera le récit d'une personne dont l'expérience a été officiellement reconnue dans l'Eglise : Angèle de Foligno (tertiaire franciscaine, Italie, 13ème siècle).
Ce récit fournit à Joël la matière de base à laquelle il pourra se contenter d'apporter des précisions, voire des corrections, pour que ce récit puisse rendre compte de son expérience particulière.

Voici les circonstances de ce récit : Angèle est veuve, elle a 43 ans ; elle est en marche sur une route qui va vers Assise, cette ville où saint François vient d'achever sa vie quelques années auparavant ; durant sa marche – pèlerinage, elle énumère les faveurs qu'elle a demandées à St François dans sa prière ; arrivée à un croisement, dont elle précise le lieu exact, un dialogue commence. Voici le récit qu'elle a fait elle-même de ce dialogue :

*« Il me fut dit : 'tu as prié mon serviteur François, et moi, je n'ai pas voulu t'envoyer d'autre messager que moi ; je suis l'Esprit Saint, et je viens vers toi, je t'apporte une consolation que tu n'as jamais goûtée ; j'irai avec toi, au-dedans de toi, jusqu'à l'église St François. Je ne cesserai pas de te parler. Et toi, tu ne pourras écouter d'autre parole … et je ne m'éloignerai pas de toi avant que tu ne sois venue dans cette église pour la seconde fois. Alors, je m'éloignerai de toi en ce sens que je ne te donnerai plus cette consolation ; mais je ne m'éloignerai jamais réellement de toi si tu m'aimes.'*

*« Et il commença à dire : 'ma fille, mon aimée, aime-moi : car je t'aime beaucoup plus que tu ne peux m'aimer… je me suis reposé en toi, repose –toi en moi maintenant…'*

*« A ces paroles, je commençai à avoir un grand doute, et mon âme lui dit : 'si tu étais le Saint Esprit, tu ne me parlerais pas de la sorte, je pourrais en tirer de la vaine gloire.'*
*« Et il répondit : 'sors de ces paroles si tu peux'. Je me mis à l'œuvre, je m'efforçai de vouloir en tirer de la vaine gloire … je commençai à regarder ça et là parmi les vignes pour sortir de cette parole. Mais où que je portais mes regards, il me disait : 'ceci est ma créature', et je sentais une douceur divine ineffable… Alors tous mes péchés et mes vices me revenaient à l'esprit …*

*« Mon âme ajouta : 'Si tu étais l'Esprit Saint, tu ne me dirais pas de si grandes paroles, ou, si tu me les disais, j'en devrai avoir une joie si grande que mon âme ne devrait pas pouvoir la supporter.'*
*« Il répondit : 'Rien ne peut être ou se faire que comme je veux ; voilà pourquoi je ne te donne pas une plus grande joie que celle-là... Je fais cela, reprenait-il, à cause de ma bonté...'*
*Comme chaque parole me causait une grande douceur, j'aurais voulu ne jamais arriver à Assise ...*
*« Il m'accompagna jusque dans l'église St François, comme il l'avait dit ; il ne s'éloigna pas de moi quand j'y entrai ni pendant que j'y restai ; il demeura jusqu'après le repas, c'est à dire jusqu'à mon retour dans l'église.*
*« Alors, aussitôt que je me fus agenouillée à l'entrée, quand j'aperçus une peinture représentant saint François serré contre la poitrine du Christ, il me dit : 'voilà comment je te tiendrai serrée ... Et maintenant, je vais accomplir ce que je t'ai dit : quant à cette forme de consolation, je te quitte, mais je ne te quitterai jamais si tu m'aimes.' ...*
*« Il s'éloigna lentement avec une suavité immense, sans secousse ...*
*« Rentrée à la maison, je sentis une douceur paisible, et cependant très grande que je ne saurais exprimer ...*

*« Bien des fois, il me fut parlé ainsi ; mais jamais aussi longuement, jamais si profondément ni avec tant de douceur »* [3].

Joël est heureux de tomber sur ce texte ; il y apprécie son franc parler, sa précision des lieux, des temps et des durées; la simplicité, voire la naïveté des reparties d'Angèle, auxquelles il est cependant répondu avec délicatesse et justesse.
Il y retrouve, bien décrite, l'inexprimable sentiment de joie qui fait demander : 'assez'.

Joël peut être plus précis : dans les 30 heures qu'a duré cette habitation sensible, il a eu le temps de rentrer chez lui, de s'endormir et de se réveiller, et de visiter des personnes.
Voici un exemple de ce dialogue intérieur : le dimanche matin, il est allé visiter une personne dont il savait pourtant que, selon l'habitude, sa porte serait close. 'Est-ce que tu doutes que tu pourras entrer ?' s'entend-il interroger, peu avant d'arriver à destination. 'Non, répond Joël, je n'en doute pas.' De fait, en arrivant, quelqu'un est en train de sortir de la maison, et la porte se trouve donc ouverte ; de plus, et, comme par hasard, la personne en question est chez elle.

Le dialogue intérieur a aussi porté sur des intercessions que Joël portait dans son cœur, avec, pour réponse : 'Aime-moi seulement, cela se fera'.
Joël a questionné aussi au sujet du regard de convoitise qui le minait comme mentionné plus haut ; réponse analogue : 'aime-moi seulement, et je te ferai aimer les autres'.
Enfin, c'était une joie indescriptible qui lui venait à la simple idée d'avoir des amis séminaristes, ou de réciter des passages de psaumes etc.

Mais, il y a aussi des différences : ainsi, aucun indice ne lui permettait d'identifier qui s'était ainsi rendu présent. Il ne pouvait nommer l'hôte intérieur que comme celui qui avait dit avec autorité : 'aime-moi'. Pour le reste, il n'était en son pouvoir que de faire des associations avec ce qui entourait cet événement : le lieu, les personnes, les conditions de sa prière initiale …

Plus tard encore, Joël tomba sur un texte de Sainte Thérèse d'Avila qui donne des critères pour discerner si les paroles que nous entendons viennent de Dieu : Elles sont claires, écrit Ste Thérèse, elles apportent avec elles l'autorité ; elles impriment la certitude que cela se fera ; elles s'accompagnent d'une paix et d'une joie profondes.

Plus loin dans son texte, elle donne d'autres critères : on ne pensait pas aux choses qu'on entend ; une seule parole donne à comprendre beaucoup de choses ; tout moyen de s'y opposer est inutile.

Et sainte Thérèse achève son enseignement avec un avertissement de bon sens qu'elle adresse à ses sœurs :

« *Ne croyez pas, alors même que ces paroles viennent de Dieu, que vous serez meilleures pour cela ; n'oubliez pas que Notre Seigneur a parlé bien souvent aux pharisiens et que toute la perfection consiste à tirer parti de ces paroles* » [4].

En annexe, p.26, on trouvera le texte original.

Comme autre différence avec l'expérience d'Angèle de Foligno, il y a eu surtout la manière dont cette présence avait pris fin. Il faut y venir.

## Ch 3- UNE VISITE QUI SE TERMINE MAL.

*« L'homme était encore petit, c'était un enfant...*
*il n'avait pas encore le parfait usage de ses facultés,*
*aussi fut-il facilement trompé par le séducteur ».*

Saint Irénée, La prédication des apôtres et ses preuves.

Absent une semaine, Joël a trouvé beaucoup de courrier dans sa boîte en rentrant de sa retraite le samedi soir ; cependant, tout occupé de s'entretenir avec celui qui demeurait en lui, il laissa le courrier pour le lendemain. Il l'ouvrit le dimanche après-midi.

Dans ce courrier se trouvait la lettre d'une jeune fille. Joël ne se rappelle pas ce que contenait exactement cette lettre, assez neutre finalement. Mais au cours ou à la fin de sa lecture, il ne sait pas exactement, sa pensée se fixe sur cette jeune fille, s'attarde sur elle, et voilà, l'hôte intérieur le quitte aussitôt.

Le bouleversement ressenti par Joël est à la mesure de la joie immense qui l'avait habité. Il en pleurera plusieurs heures.

De nombreuses années ont passé, l'hôte intérieur n'est pas revenu sous la manière sensible selon laquelle il s'était rendu présent.

Contrairement à ce qu'il en est pour la première partie de l'expérience décrite au chapitre précédent, Joël ne trouve pas de témoignages d'expériences comparables auxquels il puisse référer cette deuxième partie de son expérience. Il s'étonne de cette absence.

Ce qu'il trouve pour l'éclairer sont des traités de psychologie et de vie spirituelle.

Voici quelques extraits de ces traités.

Le psychologue italien du siècle passé Assagioli (1888 – 1974), tout en étant ouvert à l'expérience religieuse, a développé ses théories en ayant soin d'en rester au plan psychologique et spirituel, sans entrer dans aucune tradition religieuse particulière. Il s'en tient aux faits observables par tout un chacun.
Dans son livre 'Psychosynthèse', il reconnaît l'apport qu'a réalisé la psychanalyse dans la guérison de troubles psychologiques, mais il souligne les limites de cette approche :

*« L'étude de la nature humaine sous ses aspects psychopathologiques a engendré le courant psychanalytique : c'est une bonne chose, mais on a alors accru l'importance des éléments inférieurs de la nature humaine.*
*« Appliqué à la psychologie des êtres normaux, la part de ces éléments inférieurs a été exagérée... On a eu tendance à considérer les aspects les plus élevés de la nature humaine comme ayant leur source uniquement dans les penchants inférieurs, par sublimation ; et on a négligé des fonctions les plus importantes de l'homme telles que l'intuition, la créativité, la volonté ...*
*« La psychosynthèse reconnaît l'existence d'énergies supra conscientes aussi réelles et authentiques que les forces instinctuelles si amplement décrites par Freud et les psychanalystes...*
*« On doit donc commencer par admettre la réalité de l'inconscient supérieur : outre l'inconscient inférieur et moyen, il existe une autre vaste zone de l'inconscient. »*
L'expérience montre, poursuit-il, que des éléments de cette région peuvent, dans certains cas, faire une irruption inattendue dans le champ de la conscience :
*« C'est une irruption analogue, bien qu'en sens inverse, à l'irruption dans le champ de la conscience d'impulsions venant de l'inconscient inférieur. Mais ce qui provient de l'inconscient supérieur n'a souvent aucun rapport avec les expériences personnelles précédentes : c'est vraiment quelque chose d'inattendu, de nouveau »* [5].

La psychosynthèse mise au point par Assagioli, tente donc d'activer, dans la reconstruction de la personne, les échanges d'énergie entre le conscient et l'inconscient supérieur.
Assagioli fait d'ailleurs très justement remarquer que « *lorsqu'on ne peut pas faire appel aux fonctions supérieures du sujet, les troubles sont plus difficiles à guérir* ».

On a là une ouverture de la démarche psychologique qui paraît être tout simplement de bon sens et qui est vraisemblablement commune à bien d'autres démarches actuelles dans ce domaine.

Intéressante pour le sujet de ce chapitre, est l'observation que fait Assagioli sur *les chutes* qui peuvent survenir dans ce lien avec les fonctions supérieures :

« *Un individu peut avoir des expériences spirituelles authentiques sans avoir une personnalité intégrée. En certains cas, assez fréquents, la personnalité n'est pas à même d'assimiler l'irruption soudaine d'énergie et de joie: les émotions, l'imagination ne sont pas suffisamment maîtrisées.*
« *Cet état peut durer un temps plus ou moins long, mais il ne peut être permanent... Le moi personnel n'a pas été transformé d'une manière définitive. Il y aura un inévitable reflux avec parfois des réactions violentes et des troubles sérieux. Le moi personnel s'affirme avec une force accrue.*
« *Parfois, certaines impulsions inférieures se dressent furieusement pour s'opposer à la réalisation spirituelle, sentant bien que cela constitue une menace à leur domination et à leur existence même.*
« *La personne se juge [alors] avec sévérité... et pourtant... la beauté et le pouvoir d'attraction de l'expérience sont à jamais imprimées dans son esprit.*
« *L'état joyeux ne pouvait durer indéfiniment; il faut faire la constatation que le sentier qui conduit à la conquête de la réalisation spirituelle doit être gravi pas à pas [6]*».

Joël peut y relire son histoire : son expérience spirituelle est authentique, mais sa personnalité n'était pas assez intégrée, l'imagination pas assez maîtrisée, et des impulsions naturelles – l'attrait de l'autre sexe – se sont dressées pour s'opposer à la réalisation spirituelle. Il se sent coupable et cependant, la beauté de ce qu'il a vécu va le marquer durablement. Enfin, il sait qu'il devra gravir le sentier pas à pas.

Mais Joël ne peut se satisfaire des explications d'Assagioli et de ses propositions pour canaliser les énergies supérieures ; c'est bien, mais cela lui semble un peu 'utilitariste', loin de la gratuité qui a marqué son expérience ; d'ailleurs la prière, à laquelle il est fidèle, n'est-elle pas, déjà, une manière de vivre en relation avec les 'énergies supérieures' ?

Surtout, il voudrait faire le lien avec l'environnement chrétien qui a entouré ce qui lui est arrivé : trouvera-t-il, dans la tradition chrétienne, des références lui permettant d'intégrer l'aspect précis de la deuxième partie de son expérience, celle qui est évoquée dans ce chapitre ?

Les références, de fait, ne manquent pas.

Joël trouve d'abord dans les écrits de St François de Sales, la description d'une *chute* spirituelle par étapes. Voici des extraits de cette description [7]:

*« Le péché véniel n'enlève pas à la charité sa force, mais il diminue son activité, de telle sorte que la charité devient stérile et inféconde. Il n'est pas contraire au but essentiel de la charité qui est de préférer Dieu à toutes choses; par ce péché, nous accordons un peu trop d'attention à la créature, mais sans la préférer au Créateur.*

*« Cet attachement nous conduit à une certaine paralysie spirituelle... Car la charité est une qualité active, elle ne peut rester longtemps sans agir ou mourir. Elle a l'attitude de Rachel qui disait à son mari: 'Donne-moi des enfants, sinon je vais mourir' (Gn 30,1)...*
*« Notre amour-propre trouve alors notre foi sans attention; il nous présente des biens sans valeurs mais apparents; il séduit nos sens, notre imagination et presse tellement notre libre arbitre que nous sommes conduits à la révolte contre l'amour de Dieu.*

*« L'amour de Dieu sort alors de notre cœur avec tous les dons du St Esprit qui sont les compagnons inséparables de la charité.*

*« Nous allons petit à petit à ce mépris de Dieu; mais tout à coup, en un moment, la charité se sépare de nous et meurt complètement. Car ce mépris de Dieu est un péché mortel, et un seul péché mortel chasse la charité de l'âme ».*

St François de Sales propose alors la comparaison suivante :

*« Notre esprit ne sort pas petit à petit de notre corps, mais en un moment, lorsque le corps est si malade que l'esprit ne peut plus y faire des actions de vie. De même, la charité abandonne en un moment le cœur tellement déréglé en ses passions qu'elle ne peut plus y régner. Car la charité est si généreuse qu'elle ne peut cesser de régner sans cesser d'être.*
*« Il ne reste plus en nos âmes que la foi et l'espérance qui maintiennent en nous la qualité de chrétien reçue à notre baptême ».*

En lisant ce texte, Joël y retrouve la soudaineté du départ de l'hôte intérieur qu'il a éprouvée, même si, pour lui, c'est toute la démarche décrite par St François qui s'est déroulée *en un moment*.

D'autres auteurs permettent à Joël de s'y retrouver :

Ainsi, saint Augustin : *« Je cherchais ce qu'était le mal et le péché, et je trouvai que ce n'était point une substance, mais seulement un dérèglement de la volonté qui, en s'éloignant de vous, mon Dieu, se porte dans l'affection de ce qui est au-dessous de vous …s'enfle d'orgueil et se répand au dehors »* [8].

Ou encore, du même saint Augustin : « *Quand la volonté, ayant abandonné ce qui est supérieur, se tourne vers les créatures, elle se fait mauvaise, non parce qu'est mal ce vers quoi elle se tourne, mais parce que cette conversion est mauvaise* ».

Un autre lien peut encore être établi, avec l'évangile cette fois, concernant le fait précis qui a chassé l'hôte. Sur ce point, Joël ne peut s'empêcher de penser à ce passage de l'évangile (Mt 5,28) : « Quiconque regarde une femme avec convoitise a déjà, dans son cœur, commis l'adultère avec elle ».
Même si, dans son cas, il ne s'agissait pas d'un regard, mais d'une simple pensée qui s'est égarée, il réalise que c'est bien l'attitude intérieure qui importe, même en restant chez soi.

La Bible l'aide aussi à réaliser que sa pensée s'est égarée sur une affaire qui n'est pas accessoire :
E. Fuchs, un théologien protestant, souligne, à juste titre, que ce qui est premier dans la Bible, ce n'est pas l'organisation sociale, économique ou autre, mais la relation homme / femme :

*« Ce qui est originaire et prioritaire, c'est le couple, expression sociale de la relation homme / femme, comme la tradition biblique ne cesse de l'affirmer. On ne saurait ébranler cette structure 1ère, sans ébranler tout l'ordre social »* [9].

De fait, la première prise de parole de l'homme dans la Bible n'est-elle pas un cri d'émerveillement de l'homme devant la femme (Gn 2,23) ?

Joël comprend ainsi que le départ de l'hôte ne s'est pas fait sur une petite affaire, même si, aujourd'hui, beaucoup considèrent ces affaires là comme de petites affaires ; il y a là, pense Joël, un grave problème de fond avec un des aspects de la modernité.

Dernier point avant de quitter ce récit : était-il opportun de rendre public les faits de ce chapitre et du chapitre antérieur ? La réponse est double :

Pour ce qui est des faits rapportés dans le chapitre antérieur, François d'Assise donne un avis négatif :
*« Heureux le serviteur qui conserve en son cœur les secrets du Seigneur et qui ne cherche pas, pour se faire valoir, à manifester aux hommes les grâces que le Seigneur lui offre »* [10].

ou encore, dans le même sens :

*« Malheur au religieux qui, au lieu de garder en son cœur les grâces dont le Seigneur le favorise et en faire profiter les autres par ses actions, s'empresse de les étaler aux yeux des hommes par des discours pour se faire valoir. Il en obtient la mesquine récompense qu'il convoitait, et ceux qui l'écoutent n'en retirent que peu de fruit »* [11].

Mais la perspective change avec les faits rapportés dans ce chapitre : ces faits constituent un aveu ; et, pour cela, nous avons l'exemple de l'apôtre Pierre que le bibliste Paul Beauchamp présentait ainsi : *« Dieu a voulu que l'annonce de l'évangile soit indissociable, dans la bouche des messagers, du récit de leur propre faute. Ce n'est pas le destinataire qui absout, et pourtant l'aveu du messager lui est indispensable pour qu'il lise en lui sa propre faute* » [12].

Impossible de faire l'aveu rapporté dans ce chapitre sans passer par les faits du chapitre antérieur.

Plus tard, Joël trouvera dans les écrits de Sainte Thérèse de l'Enfant Jésus, un récit qui présente quelques analogies avec son expérience [13] et dans ceux de ste Thérèse d'Avila où elle affirme : « quand le ravissement est continuel, je ne le regarde pas comme sûr ; je ne crois pas possible que l'Esprit de Notre Seigneur subsiste toujours en nous dans un même état durant notre exil d'ici-bas » [30].

## Ch 4- AVENTURER SA VIE - 1 -

*« Bienheureuses les personnes fortes aux entreprises que Dieu leur inspire, souples et douces à les quitter quand Dieu en dispose ainsi ».*

Saint François de Sales, Traité de l'Amour de Dieu, IX, 6.

La vie continue ; les évidences se sont envolées : que faire ? Une règle spirituelle recommande de s'en tenir aux décisions prises dans les moments de lucidité.

Joël va donc s'en tenir aux médiations 'ordinaires', qui, grâce à Dieu, ne font pas défaut.

Six mois passent et, ayant eu les accords nécessaires, il aventure sa vie : il démissionne de son travail professionnel et entre dans une congrégation religieuse pour laquelle il montre certaines aptitudes.

Cela va durer un an ; sa santé donne des signes de fatigue qui ne trompent pas : ce n'est pas pour lui. D'un commun accord avec son responsable, il décide de surseoir à ce projet religieux.

Avec le recul, Joël est reconnaissant à son responsable de l'avoir aidé à prendre cette décision peu comprise par l'entourage. Extérieurement, tout semblait aller bien, mais à l'intérieur, quel chantier !

Là encore, François de Sales fournit à Joël une clef pour comprendre son état. François de Sales explique ainsi l'état de celui dont la charité s'est retirée [14]:

*« Quand la charité fait un long séjour dans une âme, elle y produit un second*

*amour. Celui-ci n'est pas un amour de charité, quoiqu'il provienne de la charité ; mais c'est un amour humain.*
*« Cependant, il ressemble tellement à la charité que, bien que la charité soit morte dans l'âme, il semble qu'elle y soit toujours; on pourrait s'y tromper ».*

Cet amour est bon en soi, poursuit-il, mais il est dangereux :

*« Cet amour imparfait est pourtant dangereux, parce que souvent on se contente de l'avoir lui seul. Comme il a plusieurs aspects de la charité, on pense que c'est elle-même que nous avons, et nous nous amusons, pensant être saints.*
*« Pendant que nous sommes dans cette fausse certitude, les péchés qui nous ont privés de la charité se multiplient et se rendent maîtres de notre cœur ».*

Bien que Joël ne puisse se prévaloir de sa brève expérience spirituelle pour affirmer que la 'charité avait fait un long séjour dans son âme', il restait vrai qu'il fonctionnait largement sur le mode des habitudes prises dans l'environnement chrétien dans lequel il avait grandi.

Plus concrètement, sur deux points essentiels pour toute vie d'homme - le travail professionnel et l'état de vie (mariage ou célibat) - les fondements n'étaient pas solides :

- Le premier travail professionnel exercé par Joël ne lui avait pas donné l'opportunité de donner sa mesure ; il lui en était resté une certaine incertitude sur ses capacités dans ce domaine. A une période où l'exercice d'un travail professionnel entrait dans les perspectives missionnaires des religieux, cela entretenait chez lui une première source de tension.

- La perspective du célibat ne pouvait s'appuyer, chez lui, sur une maturité humaine suffisante. C'était, bien sûr, un point plus délicat à évaluer ; mais une parente religieuse à qui il avait rendu visite n'avait-elle pas exprimé un doute en formulant la question : Joël a-t-il bien réalisé le célibat ? Intuition féminine, doublée d'une longue expérience de vie religieuse.

Il y avait encore trop d'idéalisme dans sa démarche ; le corps s'opposait à la violence qui lui était faite ; la santé flanchait ; il fallait repartir dans le grand vent du monde pour y gagner en maturité.

Durant cette période, la présence intérieure n'avait pas entièrement quitté Joël, mais elle se présentait sous une forme plus modeste ; en voici des exemples :

De retour chez szes parents, c'est cette parole d'évangile qui lui donne le sens de ce qu'il vit : « moi non plus, je ne te condamne pas » (Jn 8, 11). De fait, personne ne l'avait condamné ; les intéressés s'étaient simplement rendus à l'évidence humaine, qui devient dès lors une évidence chrétienne.

La recherche d'un nouveau travail professionnel fut douloureuse : une piste se présentait dans un domaine nouveau et Joël se demandait s'il devait la prendre ; il se trouva un jour dans l'Ouest de la France pour un entretien d'embauche ; il avait plu toute la journée, avec un brouillard intense. Le soir, à la table d'hôtes, son voisin parle de ces nouveaux types de travail dans lesquels se lançaient de multiples petites entreprises dont la majorité, disait-il, ne survivrait pas plus d'un an : Joël dévisagea son interlocuteur qui venait de lui apporter la réponse attendue.

Il y a eu d'autres faits 'plus humains', pourrait-on dire, qui montraient que la providence veillait :

- La première semaine de son nouveau travail, Joël a été pris de tels maux de tête dus à la tension du redémarrage, qu'il a dû demander une semaine de congé.

Il est revenu tout bronzé après une semaine de ski qu'il avait eue l'opportunité de faire. Et cependant, à son retour, pas un reproche, pas une seule expression de doutes, de suspicions ou de questions de la part de son chef hiérarchique, mais simplement un plan de réacteur posé sur la table avec le travail à faire, passionnant.

- Par ailleurs, un prêtre ami prit contact avec lui pour lui demander 's'il lui serait agréable de faire la connaissance d'amis dans la ville où il allait travailler'. Il accepta, et trouva là une aide précieuse pour se reconstruire.

Vint aussi, dans cette période, une aide psychologique convenue avant le départ de la congrégation.

Avec le recul du temps, Joël est d'accord avec le psychologue Assagioli pour juger de cette démarche.

Assagioli propose d'établir une distinction dans la nature des conflits intérieurs auxquels font face les personnes : dans les cas ordinaires, il s'agit de conflits entre les tendances normales du sujet et le moi conscient, ou encore entre l'individu et l'entourage. Mais dans certains cas, les conflits proviennent de l'émergence d'aspirations de caractère moral, religieux ou spirituel [15] :

*« Les troubles qui accompagnent les crises du développement spirituel paraissent semblables à ceux du patient ordinaire; mais en réalité les causes sont très différentes :*

*« Les névroses ordinaires ont un caractère régressif : manque d'adaptation, de maturation; problèmes par rapport aux parents, déception non acceptée; conflits entre différents aspects du conscient et de l'inconscient ou entre le sujet et l'entourage.*

*« Les troubles produits par les luttes du développement spirituel ont un caractère progressif et sont dus aux conflits entre la force d'attraction du Soi et les aspects "normaux" ou "inférieurs" de la personnalité ».*

*Etre "normal" est le but de tous ceux qui sont restés en dessous du niveau général d'adaptation; ce n'est pas le but des autres. Dès lors, le traitement est différent dans chaque cas :*

*« Pour le premier groupe le but est d'atteindre le niveau de l'homme normal vis à vis des refoulements, des inhibitions... et ainsi de trouver sa juste place.*
*« Pour le deuxième groupe, le but est l'assimilation des énergies venant de l'inconscient supérieur et leur intégration dans les aspects préexistants de la personnalité.*
*« Appliquer le traitement du premier groupe aux personnes du second groupe est inefficace et même nuisible. Quel triste sort! On fait une interprétation matérialiste des aspirations du sujet: 'rentre dans ta coque, ferme-toi aux appels extérieurs!'*
*« Son état empire, le conflit augmente et la solution est retardée ».*

Il semble qu'aujourd'hui, on opère davantage cette distinction, et c'est très heureux.

Et voilà ; la vie continue ; malgré ses maux de tête continus, Joël a un bon travail varié, intéressant où il peut donner sa mesure; il a des ami(e)s intelligents, joyeux, qui savent vivre ; il n'a pas de projet particulier ; il est prêt à être 'cueilli'.

## Ch 5- UNE RENCONTRE.

*« Là se trouvait le puits de Jacob. Jésus, fatigué du voyage,*

*était assis au bord du puits. C'était environ la sixième heure ».*

Evangile de Jean, 4, 6.

Que faisait Joël à se promener sur celle colline qui domine la ville où son travail l'avait amené à établir, depuis plusieurs années déjà, sa demeure ?
Il était venu se promener, admirer la vue qu'on avait de là.
Etait-il indifférent pour lui que, sur ce lieu, se trouvait un sanctuaire marial ? Si on l'avait interrogé à cette époque, il aurait répondu 'oui, ça m'est indifférent'. Il était venu en touriste.

Près du lieu d'où l'on pouvait admirer la vue, Joël voit la porte d'une petite chapelle qu'il n'avait jamais remarquée auparavant ; il la pousse, elle s'ouvre ; il se tient debout à observer l'intérieur.

Du fond de cette chapelle sort alors un prêtre. Plus tard, Joël apprendra qu'il tenait là une permanence pour l'accueil des pèlerins qui souhaitaient rencontrer un prêtre.

Ce père se dirige vers lui, lui demande ce qu'il est venu faire et lui propose de venir parler un peu avec lui. Joël se défend, dit qu'il est venu seulement pour visiter, qu'il ne souhaite pas de rencontre, qu'il n'est pas venu pour cela etc.
Mais le père insiste, lui dit qu'il doit bien avoir un moment pour bavarder un peu. Joël cède, et ils se rendent ensemble dans un petit local situé au fond de la chapelle, avec une petite fenêtre d'où on voit toute la ville.
Le père lui demande ses projets, puis enchaîne sur des faits d'actualité proche :

il parle d'une femme à qui il est récemment arrivé un malheur, et qui n'a eu personne dans son entourage pour la secourir ; il évoque d'autres choses bien simples sur la vie chrétienne etc.
Joël est conquis ; mais, prudent, il prend congé et se retire sans faire de commentaires.

Il est bouleversé ; quelle bonté dans cet homme !
Voilà, c'est reparti pour lui ; il n'avait plus de projet particulier concernant son avenir, et voilà qu'il est à nouveau saisi. Pour aller où ? Aucune idée ; mais il a trouvé un guide.

Le lien avec ce guide va durer plusieurs années. Un lien constitué pas seulement d'entretiens personnels ; Joël pourra prendre une part à la vie de ce prêtre religieux franciscain, engagé dans des relations simples, prêt à donner et recevoir (cf. [16]).

Quand il relit ces événements des années après, il pense à l'importance de la médiation humaine en christianisme, comme l'enseigne St Jean de la Croix :
*« Dieu ... ne veut absolument pas nous voir donner pleine croyance aux vérités surnaturelles qu'il communique lui-même avant qu'elles aient passé par le canal d'une bouche humaine »* [17].

Il pense aussi à certains aspects de l'évangile :
- La précision des temps, consignés parfois avec exactitude, dans l'évangile de Jean en particulier ; cette précision est comme une manière de dire : attention, la grâce peut passer dans les moments les plus simples.
- La simplicité dans les rencontres avec Jésus : quelques mots suffisent pour toucher les cœurs ; pas besoin de longs discours !
- La simplicité des lieux également : les échanges les plus denses avec les disciples se passent en plein air…

- Jésus est abordable ; on peut voir où il habite, comment il organise ses journées etc.

Il pense enfin à la fidélité d'une providence qui le dépasse et dont toute la Bible se fait l'écho.

La mort est venue 'cueillir' ce père en pleine activité : le jour de sa mort, on a retrouvé sur lui une hostie qu'il était en train de porter à un malade.

Il était resté fidèle à sa relation avec Joël jusqu'à sa mort, et même au-delà, si l'on peut dire : deux jours après sa mort, à cause du délai pris par le courrier, Joël a reçu une lettre de lui ; à cette lettre, qui donnait des nouvelles bien simples, était joint un article de journal faisant état d'un 'entretien' entre un prêtre qui avait quitté cette vie et un ami, toujours vivant, à qui il adressait ses encouragements : savait-il qu'il allait mourir ?

Avec cet exemple, Joël réalise ce qu'est un père spirituel, capable d'engendrer et d'assumer, jusqu'à la mort, une paternité spirituelle.

Lentement, prudemment, par étapes, Joël va reprendre le chemin de la vie religieuse.

Cela va poser à nouveau la question de la relation à son travail professionnel.

## CH 6- AVENTURER SA VIE - II -

*« La troisième paire d'hommes veut si bien supprimer l'attachement qu'elle ne tient pas plus à conserver qu'à abandonner le bien acquis ».*

Exercices spirituels de saint Ignace de Loyola.

Le travail de Joël était stable depuis cinq ans, même s'il comportait de fréquents et parfois longs déplacements. Au fur et à mesure que son projet de vie religieuse se précisait, il fallait bien envisager, à frais nouveaux, cet engagement professionnel. Cela va se faire en trois temps.

1- La vie religieuse est en général associée, au moins en ses débuts, à une rupture professionnelle, afin de vivre, un an ou plus, un temps de vérification de l'appel reçu, de l'attrait pour la famille spirituelle particulière vers laquelle nous pousse cet appel, ainsi que des aptitudes requises pour cette vie.
Pour cela, il faut du calme, du silence.

Joël envisage donc cette rupture ; il fait savoir qu'il lui sera peut-être difficile de retrouver un poste dans la société qui l'emploie ou dans une autre. Mais cette rupture était la règle, et on ne voyait de raison majeure pour en faire l'économie. Il présente donc sa démission. Les supérieurs hiérarchiques de la société qui l'emploie confirment qu'ils ne s'engageront pas à le reprendre, ce qui était prévisible.

Cependant, dans la période qui suit son annonce de démission, Joël perçoit une forte incompréhension de son entourage professionnel, à cause des désagréments que son départ apportait au service.

Joël réfléchit : comment se fait-il que ce départ vienne perturber des relations si amicales et si confiantes nouées pendant près de cinq ans ? Certes, l'évangile appelle à des ruptures, et celles-ci n'ont pas forcément à être comprises par tous, mais il trouve que cela ne fait grandir personne.

Il pense alors au groupe de réflexion auquel il avait appartenu durant ces années et dont certains membres avaient négocié avec leurs employeurs des temps partiels, afin d'avoir un recul suffisant pour leur vie familiale, professionnelle, associative etc.
Joël propose donc à ses supérieurs tant religieux que professionnels, un aménagement de temps partiel comportant une semaine de congé par mois. Cette proposition est acceptée, et un aménagement de son temps de travail est fait pour un an, au titre de la loi sur la formation.

2- Un an, c'est vite passé ; et la suite ? Joël et sa congrégation étaient d'accord pour poursuivre l'expérience, mais c'était plus difficile à mettre en place, car on sortait de dispositions légalement prévues. Il fallait négocier à nouveau.

Joël prévoit un entretien décisif avec l'un de ses patrons trois mois à l'avance : au cours d'un déplacement professionnel il y aura un moment favorable, pendant le repas du soir où son patron ne manquera pas de l'inviter.
Le jour arrive ; mais voilà qu'une tierce personne demande à être raccompagnée le soir: le repas ne pourra pas avoir lieu ! Peut-être les choses ne doivent pas aller dans ce sens. Mais finalement, cette troisième personne se désiste. Le repas a lieu, et avec lui, l'entretien prévu.

Joël est finalement convoqué par celui à qui revient la décision finale.
Le début de l'entretien est un peu sec : « Savez-vous ce que vous voulez ? » Joël explique qu'il a besoin de temps pour prier.
L'interlocuteur parle alors de certaines difficultés familiales avec son fils; il

évoque aussi la prudence qu'il doit garder pour que cela ne constitue pas un précédent sur lequel pourraient s'appuyer des revendications collectives ; puis il donne son accord pour une journée de congé sans solde par semaine, le vendredi, accord valable un an et renouvelable.

Cet aménagement durera cinq ans. Le chef de service, favorable à cet arrangement, lui a seulement demandé de faire en sorte qu'il n'arrive pas le lundi 'avec des poches sous les yeux', par suite des fatigues des week-ends prolongés.

3- Arrêter définitivement ?

Durant tous ces temps, Joël participe à un mouvement chrétien relatif à son travail ; il prend part à une commission de ce mouvement relative au tiers-monde et au développement. Il s'y fait un excellent travail de réflexion, et parfois, des initiatives concrètes sont prises.

Mais quel avenir pour sa vie ? Fallait-il tenir jusqu'à la retraite ? S'il était muté, qu'adviendrait-il de son engagement religieux et de la vie de communauté qu'elle impliquait ?

Saint Ignace a donné à l'Eglise une méthode pour aider les fidèles dans des choix fondamentaux : le choix selon Dieu, explique-t-il, est celui qui apporte le plus de paix et le plus de joie.

Joël s'applique pendant trois semaines à ce travail de discernement: il voit bien tous les avantages liés au choix de garder sa profession, mais il a une attirance pour aller à la source de ces avantages. C'est là qu'il veut se tenir.

Il préfère s'engager sur la voie où il pourra 'brûler', selon l'expression d'un ami : il démissionne.

En regardant ce parcours professionnel, Joël pense avec reconnaissance à la patience dont a fait preuve son environnement tant professionnel que religieux.

Il entreprend alors des études théologiques dans une autre ville, tout en prenant un service pastoral.
Les études lui donnent accès aux fondements de la foi chrétienne et lui permettent de situer son expérience spirituelle, comme cela va être développé au chapitre suivant.
Les stages de pastorale, bien accompagnés, lui ouvrent les yeux sur d'autres réalités de la vie, ainsi que sur certains de ses défauts personnels.
Viendra alors assez vite la question de la prêtrise. Pour Joël, la question essentielle se concentre sur ses aptitudes : ses maux de tête durent depuis plus de dix ans, et les combats intérieurs et les changements ont réduit ses aptitudes à parler en public : or le prêtre n'est-il pas l'homme de la Parole ?
Un soir, au cours d'une réunion, une personne évoque le cas d'un professeur qui avait fait toutes ses études, mais qui s'est retrouvé ensuite devant une classe, incapable de dire un mot, paralysé par la timidité ; il avait dû changer de métier. Joël écoute avec attention ce récit. Il sent alors monter en lui cet avis : *'ce n'est pas pour toi'*.
Il lui faudra encore plusieurs mois avant qu'il ne se décide à demander la prêtrise.

Aux jeunes qui lui demande pourquoi il demande la prêtrise, il aurait bien des 'raisons' à donner.
Mais pour des jeunes, il faut une parole 'vécue' ; et ce qu'il vit est ceci : les motivations apostoliques sont bien présentes, mais elles ne sont pas premières ; il veut poursuivre sa quête spirituelle ; puisqu'on lui reconnaît les aptitudes pour la prêtrise, il veut s'y engager ; en prenant une part plus active dans la vie 'officielle' de l'Eglise, en suivant le parcours requis pour en être le mandataire, cela lui donnera, pense-t-il, l'occasion de s'approcher davantage de la source qui irrigue toute la vie de l'Eglise.

## CH 7 – UN TEMPS DE MISE EN ORDRE.

*« Ce qui devrait étonner dans l'histoire biblique*
*c'est, plutôt que le progrès, sa lenteur ».*
P. Beauchamp, le récit, la lettre et le corps, p. 66

Joël vit maintenant un temps de mise à l'écart, dans la paix des études ; un temps propice pour mettre de l'ordre dans son cheminement. Poser les choses en face de soi, confronter les idées ; il est dans un domaine plus facile.

Mais l'enjeu n'est pas sans importance pour Joël : va-t-il trouver dans ce qui lui est enseigné de quoi relire son cheminement et le situer dans une tradition chrétienne ?

Le cheminement présenté dans la Bible a, dans la tradition chrétienne, un caractère normatif : il constitue une référence.
Le bibliste P. Beauchamp pointait récemment deux caractéristiques du cheminement biblique.

Voici la première caractéristique :

*« Le processus de l'histoire biblique, écrit-il, n'est pas seulement d'acquisition ou de gain :*
*- L'esprit fut donné aux anciens du temps de Moïse, mais non à leurs successeurs.*
*- Il n'y eut pas de prophète semblable à Moïse, ni de sage tel que Salomon.*
*- Chacun jadis en Israël faisait ce qu'il voulait, et cet avantage est perdu depuis les rois...*
*En cela, l'histoire est aussi processus de perte...*
*L'auteur insiste sur le 'ne plus' de l'histoire biblique et donc sur une conception*

*plus tragique que celle qui est retenue dans l'idéologie qui enduit tant de représentations de l'Ancien Testament. Il est souligné dans celles-ci « qu'Israël n'avait pas encore acquit ceci et cela, mais que ces perfectionnements ne pouvaient tarder, étant l'affaire de deux ou trois siècles de progrès ou de pédagogie »* [18].

Joël comprend dans son expérience ce que l'expression : 'processus de perte' veut dire. Cela l'entraîne à pénétrer dans le vaste domaine couvert par l'expression 'péché originel'.
Il lit avec intérêt St Irénée :
*« Dieu établit secrètement l'homme, maître des êtres qui devaient le servir. Mais tandis que ces êtres étaient dans toute leur force, le maître, i.e. l'homme, était encore petit; c'était un enfant qui devait encore grandir pour atteindre sa perfection... il n'avait pas encore le parfait usage de ses facultés; aussi fut-il facilement trompé par le séducteur »* [19].
La référence [19] qui publie ce passage, en fait le commentaire suivant : 'l'idée qu'Adam a été créé enfant appartient à la plus ancienne théologie : Irénée la trouve chez Théophile d'Antioche; Clément d'Alexandrie la reprend. Elle sera refoulée par les affirmations d'Augustin qui considèrera, au contraire, Adam comme un surhomme. Le croyant a le choix entre ces deux interprétations.' Joël opte pour l'interprétation d'Irénée.

Joël apprécie aussi les efforts des théologiens contemporains pour faire droit aux découvertes scientifiques récentes sur les origines de l'homme [20] ; il lui semble qu'il faudrait veiller à ne pas omettre, dans ce qui est dit des origines, ce 'processus de perte' dont il a fait l'expérience et dont témoigne le récit biblique.

Ce processus de perte va donner naissance, tardivement dans l'Ancien Testament, au genre apocalyptique : 'le cœur de l'homme est malade', observe douloureusement Jérémie (Jr 17,9), qui peut le guérir ? Plus Israël avance, plus il

mesure la distance qui le sépare du terme, distance que seule, une intervention puissante de Dieu pourra réduire.
On le sait, Jésus viendra non dans la puissance, mais dans la douceur, surprenant celui-là même qui avait mission de l'annoncer : Jean-Baptiste.

La science elle-même, dans les années récentes, s'est détachée de ce qui avait nom : positivisme, déterminisme ou scientisme : « Les scientifiques se sont réconciliés avec l'imprévisible, l'inédit et même, en définitif, avec la notion de liberté » écrit H. Reeves [21].

Dans le même mouvement, le marxisme aussi a lâché prise. On a pu dire qu'il s'était établi sur fond de scientisme. Le marxisme voyait l'histoire comme une histoire de vainqueur : c'est une conception abstraite et illusoire.

Aujourd'hui, l'expérience historique ne peut pas se dire en termes de progrès nécessaire ou de décadence fatale ; chacun est invité à rejoindre ce point d'*ambivalence* à partir duquel il pourra prendre position et agir en conséquence.

Dans le même sens, on voit mieux que la sainteté est un chemin tracé *au milieu de conditionnements* propres à toute existence, et qu'elle est même précisément cela.
Récemment, on a publié un livre montrant comment François d'Assise avait tracé son chemin au milieu de ses conditionnements familiaux [22].

'Je suis comme cela, *et alors*, qu'est-ce que j'en fais ?' Il faut parfois des années avant que la question puisse être posée aussi clairement.

Voici la deuxième caractéristique du cheminement biblique proposé par P. Beauchamp :

*« Ce qui devrait étonner et réclamer une explication, c'est, plutôt que le progrès de l'histoire biblique, sa lenteur. Car, enfin, que n'ont-ils dit plus tôt que l'Exode était la libération de la mort ? On ressent l'impression qu'à la limite, tout le monde aurait pu le faire sauf eux et l'on accorde que d'autres ont franchi le pas en esprit.*
*« C'est pourtant à cette résistance que va notre respect, parce qu'elle est la substance de l'Ecriture et l'autre nom de ce qu'on appelle l'histoire. Il ne s'agissait pas de le dire, mais de l'éprouver »* [23].

Joël trouve là encouragement, car lui-même juge fréquemment sa démarche trop lente ; dans le même sens, il apprécie ceux qui interviennent dans des débats en restant au niveau de ce qu'ils sont capables de porter : 'voilà ce que je peux dire ; est-ce chrétien ? Je ne suis pas apte à en juger'.

L'authenticité est, en effet, une exigence moderne à laquelle il faut faire droit.
Le livre 'Le savant et la foi' [24] présente les témoignages de foi d'une vingtaine de scientifiques ; ces témoignages sont clairs et de grande valeur intellectuelle ; mais, parmi eux, celui de Xavier le Pichon tranche par son authenticité : c'est qu'il a transformé son genre de vie à partir de ses découvertes de foi : tout en gardant son enseignement au Collège de France, il s'est associé à l'Arche de Jean Vanier.

Aujourd'hui, on comprend mieux que l'intention des évangiles est tout autant de nous raconter l'histoire de Jésus que l'histoire de la transformation des disciples cheminant à la suite de Jésus.
Ainsi, on est attentif, dans le Nouveau Testament, aux transformations qui s'opèrent quand on passe de 'Jésus proclame' (début de l'évangile) à 'Pierre proclame' (début du livre des Actes des Apôtres) : on s'intéresse au chemin que Pierre a suivi pour en arriver là.

Et pour ceux qui s'engagent : faut-il attendre que leur transformation soit achevée ? La question est plutôt : sont-ils en route ? Les apôtres n'ont-ils pas été envoyés en mission par Jésus *avant Pâques*? Bien sûr, ils n'en sont pas restés là.

Ce processus rejoint la question de la vérité. 'Veritatis Splendor' dit Jean-Paul II ; 'Veritatis terror' lui réplique, non sans impertinence, Comte Sponville [25]. Comment en est-on arrivé à un tel malentendu ?

En christianisme, la vérité n'est pas 'surplombante' ; les dogmes sont une manière de désigner, au sein d'une situation précise, un aspect du mystère chrétien, non de le posséder. L'Eglise a à recevoir *aujourd'hui* la vérité sur l'homme ; c'est différent que de dire qu'elle a la vérité. Elle est conduite vers la vérité tout entière, et mieux elle vivra, mieux elle sera en position de recevoir cette vérité.

Joël se situe bien dans cette dynamique de recherche de la vérité.
Il voit la doctrine de l'infaillibilité au service de la liberté de recherche, comme l'exprimait si bien le cardinal Newman, même si son style est marqué du 19ème siècle :

*« Je vais exposer comment j'envisage l'infaillibilité de l'Eglise … C'est à cause de l'intensité du mal qui s'est emparé du genre humain qu'un adversaire capable de lui tenir tête a été institué … On déclarera, à première vue, que l'intelligence sans cesse en mouvement de l'humanité sera désormais réprimée …Mais ceci est loin d'être l'intention de cette sublime Providence qui a fourni un grand remède pour un grand mal.*
*« Ce n'est pas du tout en effet ce qui se dégage historiquement du conflit entre l'infaillibilité et la raison dans le passé, ni de ce qu'il sera dans l'avenir.*
*« L'énergie de l'intelligence humaine croît en fonction de l'opposition. Elle se*

*développe avec joie et vigueur, rude et souple, sous les terribles coups de l'arme forgée par la main divine* ».

Pour réaliser sa mission aujourd'hui, Joël prépare l'exposé de bien des thèmes de réflexion : la politique, la sexualité, la mort, les autres religions, la science, la vie religieuse...
Il commence toujours sa préparation sans idées préconçues, en se disant : où cela va-t-il me mener ? Et il s'étonne de voir comment l'évangile vient à chaque fois travailler le thème pour y faire apparaître une Bonne Nouvelle.

L'Eglise lui apparaît comme plantée au cœur du monde pour que l'homme ne diminue pas le don de Dieu. Ce que Paul Claudel exprimait ainsi :

« *La jeunesse est le temps des illusions, car elle s'imagine les choses infiniment moins belles qu'elles ne sont en réalité* ».

De ce point de vue, le monde apparaît vraiment en pleine jeunesse !

## CONCLUSION

Le grand enjeu de l'existence c'est d'aimer. Mais qu'est-ce qu'aimer ?

Comte Sponville résume avec clarté la doctrine classique des 3 manières d'aimer : aimer comme le loup aime l'agneau ; aimer en réciprocité ; aimer sans attendre de retour. Pour cette troisième forme, il a cette belle formule :
« *Ce n'est plus la passion d'éros ou des amoureux, c'est la passion du Christ et des martyrs … ce n'est plus la folie des amants, c'est la folie de la croix* » [26].

Mais qui nous fera 'aimer ce qui coûte', pour reprendre une partie de l'expression de St Augustin : 'quand on aime, rien ne coûte ou on aime ce qui coûte' ?

Aux 3 degrés évoqués ci-dessus, on pourrait mettre en vis à vis ceux proposés par St François de Sales:

« *Nous avons trois sortes d'actions amoureuses : les sensibles, les raisonnables et les spirituelles.*
*Si on utilise ces trois modes, l'amour est plus étendu, mais il est moins tendu.*
*L'amour est un acte de notre volonté qui est de nature spirituelle ; c'est pourquoi, si on veut que l'amour soit fort et actif, on doit le garder dans les limites des opérations spirituelles* » [27].

Dans le grand jeu de l'amour, les opérations spirituelles sont premières : c'est dire leur importance.

L'expérience décrite dans ce récit en donne d'ailleurs, d'une certaine manière, une confirmation a contrario : si la chute est spirituelle, la réalité de laquelle on s'est éloigné est donc bien, elle aussi, spirituelle !

Au terme de cet écrit, reprenons à nouveau la question de son opportunité, déjà évoquée à la fin du chapitre 3. Pourquoi cet écrit ? Pourquoi rendre compte publiquement d'un parcours spirituel, intime et largement inachevé, particulièrement en regard de ce qu'est un parcours chrétien ?

Voici quelques raisons :

Les choses de la vie ont toujours un caractère inachevé : certes, la vie individuelle s'achève avec la mort, mais le mouvement de la vie poursuit sa route ; il faut accepter de dire les choses sans en connaître le terme.

Les religieux (ses) s'engagent *publiquement* à suivre une certaine forme de vie. Le 'public' a donc un certain droit d'en connaître les motifs. On rejoint là une certaine exigence de notre temps marqué par la culture scientifique : celle de préciser de quel 'lieu' on parle ; ou, pour exprimer cela simplement, l'exigence de répondre à la question : 'd'où vient ce que vous affirmez ?'

Enfin, on a pu dire que l'Eglise, jusque vers la fin des années 1950, présentait un caractère un peu 'désincarné', au moins en Occident.
Pressée tant de l'extérieur que de l'intérieur, l'Eglise a entrepris, avec le concile Vatican II, un immense travail d'aggiornamento, marquant un retour à l'humain : 'L'Eglise *dans le monde de ce temps*', titre une des constitutions majeures de ce concile.
Il n'est pas question de remettre en cause ce qui a été acquis avec tant de courage et, parfois, tant de souffrances.
Mais les temps changent rapidement ; aujourd'hui le mouvement repart dans l'autre sens : on a besoin de spiritualité, une spiritualité qui donne du sens ; c'est un chantier nouveau pour l'Eglise.
*'Entrer avec Dieu dans une aventure spirituelle nous renvoie inévitablement à*

*prendre au sérieux notre histoire humaine'*, écrit très justement L. Licheri [28]. Aujourd'hui, l'accent se porte sur la première partie de l'affirmation : l'aventure spirituelle comme source.

« *Aujourd'hui, écrit le P. Jacques Philippe, la sagesse de Dieu semble prendre plaisir à bouleverser les lois classiques de la vie spirituelle ; Dieu a une pédagogie qui n'est pas la même pour conduire les âmes à la sainteté.*

« *En ce siècle où nous sommes si blessés et Dieu si pressé, on est projeté sans préalable dans la vie d'oraison, on reçoit de façon presque immédiate une blessure : grâce de conversion, effusion de l'Esprit, épreuve providentielle à travers laquelle Dieu se saisit de nous.*

« *Prier, c'est persévérer dans le dialogue avec celui qui nous a touchés, c'est 'entretenir cette blessure', empêcher qu'elle se referme dans la routine, l'oubli, les doutes* » [29].

Cet écrit veut apporter une contribution à cette manière de percevoir aujourd'hui la vie spirituelle chrétienne ; peut-être pourra-t-il apporter une aide à ceux qui suivent eux-mêmes ou qui accompagnent des itinéraires singuliers qui semblent pourtant être une des sources du renouveau de l'Eglise.

## REFERENCES.

[1] Ainsi, E. Morin : « L'univers que nous connaissons, ce n'est pas l'univers sans nous, c'est l'univers avec nous... On ne peut pas prétendre connaître un univers non humain ; Notre connaissance la plus objective est aussi quelque chose d'humain, de culturel, d'inscrit dans un temps... *On ne peut pas concevoir l'observation en excluant l'observateur* ». Courrier du CNRS, nov. 1982, pp. 8-14.

[2] C. Tresmontant, Problèmes de notre temps, Œil, 1990, pp. 124 et 528.

[3] Angèle de Foligno, Le livre de l'expérience des vrais fidèles, Paris, édition Droz, 1927 ; pp. 47s. Autre édition, plus récente : Le livre d'Angèle de Foligno, édition Jérôme Million, 1995, pp. 73s.

[4] Sainte Thérèse d'Avila, Le livre des demeures, 6èmes demeures, ch 3.

[5] R. Assagioli, Psychosynthèse, principes et techniques, édition Epi, 1991 pp. 30 – 55.

[6] id.

[7] Saint François de Sales, Traité de l'amour de Dieu, livre IV, 2-4.

[8] Saint Augustin, Les confessions, VII, 16.

[9] E. Fuchs, Le désir et la tendresse

[10] Saint François d'Assise, Admonition 28.

[11] Saint François d'Assise, Admonition 22.

[12] P. Beauchamp, Le récit, la lettre et le corps, Cerf, 1982, pp. 232.

[13] « Ne trouvant aucun secours, la pauvre petite Thérèse s'était tournée vers sa Mère du ciel ; elle la priait de tout son cœur d'avoir enfin pitié d'elle »...

Elle reçoit une réponse qui lui fait verser 'des larmes de joie sans mélange'. Elle se promet de n'en parler à personne, autrement, dit-elle, '*mon bonheur disparaîtrait*'. Mais une personne ayant deviné un fait exceptionnel l'interroge.

« Etonnée de voir mon secret révélé, je ne pus résister à ses questions si tendres et si pressantes et je lui confiais mon secret tout entier... Hélas, comme je l'avais senti, mon bonheur allait disparaître et se changer en amertume ; pendant quatre ans, le souvenir de la grâce ineffable que j'avais reçu fut pour moi une vraie peine d'âme. Au bout de quatre ans, le bonheur me fut rendu dans toute sa plénitude. »

Elle donne alors des détails sur comment sa joie se changea en tristesse : son 'secret' a été répandu dans le carmel – où elle n'est pas encore entrée – et, dans la visite qui suit cet événement, elle est pressée de questions qui la troublent.. De plus, en voyant que les carmélites s'imaginaient autre chose, elle se figure *avoir menti.* Elle conclue :

« Sans doute, si j'avais gardé mon secret, j'aurais aussi gardé mon bonheur, mais ce tourment a été permis pour le bien de mon âme ; peut-être que, sans lui, j'aurais eu quelques pensées de vanité »

Sainte Thérèse de l'Enfant Jésus, Manuscrits autobiographiques, A la révérende mère Agnès de Jésus, Livre de Vie 7-8, 1957, pp 82-83.

[14] Saint François de Sales, livre IV, 9-10.

[15] Assagioli, op cit. pp. 53-64.

[16] D. Flood, Frère François et le mouvement franciscain, E.O, Paris, 1983, pp. 60-64

[17] Saint Jean de la Croix, Sentences et avis spirituels, no 229 ; cité dans Catholicisme, article
'Direction spirituelle'.

[18] P. Beauchamp, Le récit, la lettre et le corps, Cerf, 1982, pp. 65-66.

[19] St Irénée, La prédication apostolique et ses preuves, in "Les Pères de la Foi", DDB, 1977, No 12 ; cf. aussi, Adv. Haereses III, 23, 1-7 ; IV, 38, 1-4 et 39,9.

[20] G. Martelet, libre réponse à un scandale, Cerf, 1986, ch 3 ; F. Varonne, Ce Dieu censé aimer la souffrance, Cerf, 1983, ch 5.

[21] H. Reeves, Malicorne, Seuil, 1988, p. 88.

[22] J. M. Charron, De Narcisse à Jésus, la quête d'identité de François d'Assise.

[23] P. Beauchamp, op. cit., p. 66.

[24] Le savant et la foi, collectif, Flammarion, 1989.

[25] Comte Sponville, Petit traité des grandes vertus, Puf, 1995, ch. sur la tolérance.

[26] Id., ch. sur l'amour.

[27] Saint François de Sales, Traité de l'Amour de Dieu, I, 10.

[28] L. Licheri, Par un simple Oui, Cerf, 1994, p. 42.

[29] Jacques Philippe, Du temps pour Dieu, guide pour la vie d'oraison, éditions des Béatitudes, 1992.

[30] Ste Thérèse d'Avila, le Livre des Demeures, 4ème Demeure

« Les bêtes venimeuses dont nous avons parlé entrent rarement dans ces demeures ; mais quand elles y parviennent, l'âme, loin d'en recevoir quelque dommage, en tire plutôt une occasion de mérite. Je crois même préférable qu'elles y apparaissent et fassent la guerre à l'âme élevée à cet état d'oraison ; le démon pourrait la tromper au milieu de ces goûts qu'elle reçoit de Dieu ; si elles n'avaient pas de tentation, il lui causerait même alors beaucoup plus de mal ; il l'empêcherait de gagner un plus grand nombre de mérites, ne serait-ce qu'en diminuant toutes les occasions qui l'aideraient à en acquérir, et il la laisserait dans un ravissement continuel. Or, quand le ravissement est continuel, je ne le regarde pas comme sûr ; et je ne crois pas possible que l'esprit de Notre-Seigneur subsiste toujours en nous dans un même état durant notre exil ici-bas ».

# ANNEXE

## LES PAROLES QUE NOUS ENTENDONS VIENNENT-ELLES DE DIEU?
d'après Ste Thérèse d'Avila.

Les marques les plus certaines pour reconnaître que les paroles que nous entendons viennent de Dieu sont les suivantes:

1) Elles sont claires; il ne peut manquer une syllabe à ce qu'on a entendu sans qu'on s'en aperçoive, même si d'autres termes disent la même chose.

Ces termes exacts ne s'effacent pas sitôt de la mémoire, quelques-uns ne s'oublient jamais.

2) Elles apportent avec elles l'autorité.

Ex.: une personne dans le trouble entend: « C'est moi, ne crains pas! ». Ces paroles font disparaître toute trace de crainte; la personne éprouve un grand calme et une grande lumière intérieure, alors qu'il lui semblait qu'elle ne se sortirait jamais de sa situation.

3) Elles impriment la certitude que cela se fera.

Même s'il s'agit de choses apparemment impossibles; même si le cours des événements semble tout à fait opposé et cela pendant des années, l'âme ne doute pas que cela se fera... et cela se fait effectivement.

L'âme éprouve alors de la joie quand la parole s'accomplit:

- pour la chose elle-même qui s'accomplit.
- et aussi parce qu'elle voit s'accomplir ce qui lui a été annoncé.

4) Elles s'accompagnent d'une paix et d'une joie profondes.

Ste Thérèse donne plus loin 4 autres avis:

1) On ne pensait pas aux choses que l'on entend; celles-ci viennent d'une manière imprévue, parfois au cours d'une conversation.

2) Une seule parole divine donne souvent à comprendre beaucoup de choses.

3) Tout moyen de s'y opposer est inutile: il est impossible de se boucher les oreilles et de penser à autre chose.

4) L'âme est comme une autre personne qui les entend.

L'âme voit clairement qu'il y a un maître plus puissant qu'elle qui commande dans son "château" [intérieur]: cela la remplit de dévotion et d'humilité.

Ste Thérèse termine par cet avertissement:

« Ne croyez pas, alors même que ces paroles viennent de Dieu, que vous serez meilleures pour cela; n'oubliez pas que Notre Seigneur a parlé bien souvent aux pharisiens et que toute la perfection consiste à tirer parti de ces paroles ».

Ste Thérèse d'Avila, Le Livre des Demeures, 6èmes Demeures, ch.3.

FSC
www.fsc.org
MIX
Papier | Fördert
gute Waldnutzung
FSC® C083411

Kolibri 360 GmbH
Ferdinand-Jühlke-Straße 7
99095 Erfurt, Deutschland
produktsicherheit@kolibri360.de

Druck:
CPI Druckdienstleistungen GmbH
im Auftrag der
Kolibri 360 GmbH
Ferdinand-Jühlke-Str. 7
99095 Erfurt